UNE ÉCOLE ARABE

A MOSSOUL

LETTRE AUX ÉLÈVES DE L'ÉCOLE ALBERT-LE-GRAND

A ARCUEIL

UNE ÉCOLE ARABE A MOSSOUL.

—

LETTRE AUX ÉLÈVES DE L'ÉCOLE ALBERT-LE-GRAND,

à Arcueil.

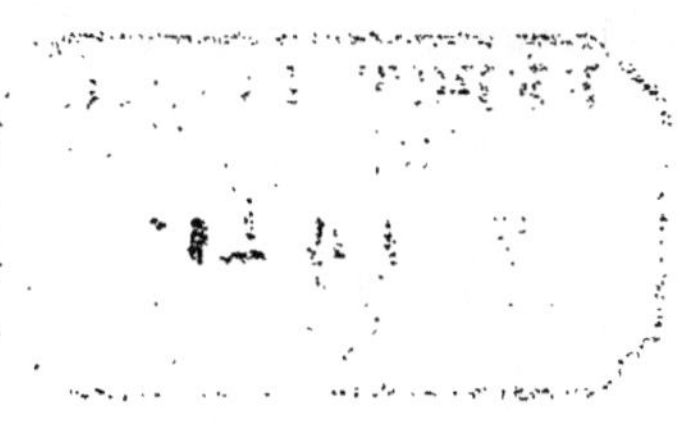

                                        Mossoul, 11 octobre 1874.

        Messieurs,

    Mgr Lion, en revenant ici, nous a apporté de l'école Al-
bert-le-Grand un témoignage bien capable de nous encou-
rager dans l'œuvre difficile que nous avons entreprise. Nous
vous en remercions, Messieurs, et c'est de tout cœur que
nous vous rendons affection pour affection, en écrivant pour
vous, tout particulièrement, ces quelques pages qui vous
feront connaître un peu ce que c'est qu'une école arabe à
Mossoul.

    Deux cours d'une quinzaine de pas de long sur quelques
mètres de large et où nos enfants ne peuvent prendre leurs
ébats; autour d'une de ces cours, les trois salles qui par-
tagent l'école en trois classes, voilà tout notre local. Si un
élève d'Arcueil entrait en pleine récréation de midi dans
l'une de nos cours profondément encaissées entre les murs
de l'école et de l'imprimerie, je suis sûr qu'il soupirerait
après son vaste collége, et ses cours pleines d'air, et son
joyeux trapèze. Le confortable de l'école ne le flatterait pas
non plus beaucoup. Pas de bancs ni de tables. Les élèves
écrivent sur leur genou, selon la coutume du pays; ils
sont assis à terre sur des espèces de bois de lit hauts de
quelques centimètres et disposés le long des murs. Devant
eux, leur petite caisse de bois, où sont renfermés leur pa-
pier, et les livres que nous mettons à leur disposition. Au
milieu de la salle, de longues nattes tissées dans le pays,
où les élèves viennent s'asseoir, les jambes repliées sous
eux, au moment de la leçon. Le maître est là, assis de la
même façon savante, et le bâton en main, car le bâton joue
un grand rôle dans l'éducation des petits Arabes. Il y a
plusieurs manières de l'utiliser, dans les mains, cela va

sans dire. Mais si la faute a été un peu plus grave, ou la paresse plus prononcée, l'enfant, au signe donné, se couche sur le dos, pendant que deux de ses camarades lui retiennent les pieds élevés en l'air au moyen d'un gros bâton sur lequel les pieds s'appuient. Une corde passée dans les trous du bâton solidifie le tout. Le maître s'avance, et frappe avec une baguette sur la plante des pieds, jusqu'à ce que retentisse d'une façon un peu lamentable le traditionnel : « *toba*, je ne recommencerai plus! » Alors l'enfant se lève, essuie ses pleurs, s'il en a, et va baiser la main qui lui a donné le bienfait d'un châtiment ami.

. Cela s'appelle recevoir *le Phalaka*.... si la description ne suffit pas au R. P. Censeur d'Arcueil, je pourrai lui adresser de plus amples détails.

En arrivant à l'école, j'avais voulu supprimer le bâton! Grand conseil fut tenu entre moi et tous les maîtres. Je leur montrai le bâton sous le jour.... européen. Je leur parlai de l'honneur, de la conscience, de l'émulation, au pis aller, des mauvais points et des mauvaises notes, de tout ce que je croyais capable de remplacer l'énergique mobile en question. Je crus avoir été éloquent. Huit jours après, les maîtres viennent me retrouver. Pas moyen de gouverner sans bâton; leur prestige se dissipe, les enfants s'ennuient. Feu bâton dut ressusciter.

J'avouerai humblement que je m'en suis servi. Même il m'est arrivé quelquefois de donner *le Phalaka*!

Avant-hier, un bambin s'était avisé de déchirer son livre du haut en bas, par pur caprice. Au lieu d'avouer son méfait, il dit bravement, sans sourciller: « Aboûna (mon Père), ce n'est pas vrai. — Mais on t'a vu, tous les enfants étaient là et disent que c'est toi — Aboûna, ils mentent tous. »

N'en pouvant pas tirer autre chose, je fis apprêter le redoutable bout de bois. Mon gamin s'étendit tranquillement sur le dos, et leva les deux pieds. Les premiers coups ne firent pas grand'chose. « Ce n'est pas moi, ils mentent. » Mais comme peu à peu la qualité augmentait en raison

directe de la quantité, le petit menteur commença par dire:
« Ce n'est pas moi, mais je me repents tout de même! »

La baguette continue tranquillement jusqu'à l'aveu le plus complet, qui fut d'ailleurs renouvelé dans les conditions régulières.

Vous voyez, chers Messieurs, que le fond de la nature humaine se retrouve partout. Mais je me hâte de vous faire faire meilleure connaissance avec le milieu personnel de l'école, sur lequel j'ai anticipé.

Nos professeurs sont au nombre de quatre. Ils ont à leur tête le curé David, que nous espérons garder à l'école... tant qu'Arcueil sera Arcueil et que quelques gouttes d'or, échappées de cette source lointaine, seront capables de traverser nos déserts. Avec lui, dans la classe principale, nous avons un jeune homme tout à fait dévoué à ses nobles fonctions et qui en fait plutôt un apostolat qu'un métier. C'est le frère d'un oriental que vous avez peut-être aperçu dans les cours d'Arcueil, car nous venons d'apprendre que votre collége lui a ouvert ses portes. Seulement il nous reste un progrès nécessaire à réaliser; c'est l'ouverture d'une quatrième classe que l'on confierait à un nouveau maître, car une centaine d'enfants se pressent dans notre dernière division sous la surveillance et avec les soins d'un seul professeur. Il est évident qu'il y a là une regrettable lacune et du temps perdu. Nous attendons que la Providence vienne, là encore, à notre secours.

Ils enseignent dans notre école les choses rudimentaires que l'on peut enseigner dans une école de France. Mais ce qui constitue, dans cette comparaison, l'originalité de l'école, c'est l'étude spéciale de la langue arabe. Vous savez qu'il y a une grande différence entre l'arabe vulgaire et l'arabe littéral; que celui-ci forme une langue à part, une langue morte qu'il faut étudier, pour la comprendre, comme un Français ou un Espagnol ont besoin d'étudier le latin. Il y a donc pour l'exercice et le développement de l'intelligence, comme pour l'intérêt et l'élévation des études une précieuse ressource dans cet arabe littéral, aux mines inépuisables, que nos enfants exploitent durant plusieurs années et qui fait monter l'école, sous ce rapport, au rang d'une école secondaire.

Quant aux enfants eux-mêmes, ils se composent surtout au point de vue de l'origine, de trois catégories de sujets : de Chaldéens, de Syriens, de jacobites. Les jacobites ou syriens schismatiques aiment beaucoup l'école et sont en général attachés à leurs maîtres. Tous ces enfants se fondent assez bien, dans leurs études et dans leurs jeux enfantins. Mais il suffit de la moindre pomme de discorde pour partager en trois partis acharnés cette fragile unité. L'autre jour, à la classe de français, le mot *schisme* fut prononcé dans la lecture. « Qu'est-ce que c'est que ça, *un schisme?* » demanda au P. Duplan, le petit jacobite qui lisait. Le Père tâcha d'esquiver la brûlante question. Mais un petit Chaldéen, cet âge est sans pitié, dit vivement : « un schisme, « c'est ce que tu fais, toi et les tiens : vous êtes séparés du « Pape, c'est un schisme ! »

Or, depuis quelque temps, les enfants jacobites entendent beaucoup parler dans leurs familles des démêlés de la nation chaldéenne avec Rome, et de l'esprit de révolte qui anime cette nation. Aussi le jacobite attaqué riposta-t-il avec colère : « Tu peux bien parler ! et ton Patriarche qui « désobéit au Pape ; et ton évêque qui s'en va au Malabar ; « et ton père qui trouve que c'est bien ; est-ce que ça ne « s'appelle pas un schisme ? »

Aussitôt jacobites et Chaldéens se trouvèrent séparés comme par enchantement en deux camps d'où jaillirent, comme l'éclair de deux nuages, les coups de langue et les coups de poing. Le P. Duplan eut bien de la peine à comprimer l'orage et à ramener le beau temps.

Il y a donc quelques défauts dans nos chers petits enfants. J'allais vous en parler, mais malgré l'importance et l'intérêt de ce sujet, je ne vous parle aujourd'hui que de leurs qualités.

Ils sont intelligents. L'intelligence est chez eux précoce, vive, ouverte, subtile, logique.

Ils ne sont pas rancuneux. Ils pardonnent vite les injures et les coups : cinq minutes et tout est fini.

Ils ont un grand sentiment de l'autorité. L'esprit de révolte ou d'indiscipline est inconnu dans nos écoles ; il y aura bien des négligences, bien des légèretés, bien des finesses pour échapper au devoir : mais résister d'une parole ou d'un geste au plus infime supérieur, au dernier maître, cela ne s'est pas encore vu. Ils baisent avec un respect sincère la main qui vient de les frapper, et ne savent pas ce que c'est que de tourner en ridicule soit ouvertement soit en cachette celui qui représente l'autorité. Le sentiment de la crainte ou du respect de l'autorité est d'ailleurs un sentiment dominant dans la nature orientale. Ils craignent Dieu, ils craignent le pouvoir, ils craignent leur père ; l'amour est à peu près absent de ces différentes craintes, mais la crainte est chez eux le mobile de certaines vertus sociales et privées.

D'ailleurs nos petits Arabes ont une qualité bien supérieure à toutes celles-là : c'est qu'ils sont aimés de nous ! c'est que nous espérons avec le temps et la grâce de Dieu, enrichir leur terre inculte, y faire germer les vertus dont toute âme humaine, arrosée du sang de Jésus-Christ, est capable. Cette qualité-là nous dore encore leurs qualités et nous rend douce la peine intime dont nous sommes quelquefois abreuvés à leur service.

Mais jusqu'à présent, vous les avez vus de bien loin, sans les entendre, sans les regarder, sans les prendre assez sur le fait. Je vous en prie, approchez-vous, entrez ! Je vais vous choisir une bonne occasion :

Mgr Lion arrive de France, et dès les premiers jours de son arrivée, il veut visiter l'école. Nos moutards sont en alerte. La salle de la première école a été ornée de tapis dérobés à l'église. Toutes nos cartes sont déroulées le long des murs ; la plus belle est une immense mappemonde dressée par notre regretté P. Gamon. Des fauteuils attendent, au fond de la salle, Monseigneur et les autres visiteurs. Nos jeunes Mossouliotes sont debout, dans leurs plus beaux atours. Il est assez joli, leur petit costume, lorsque quelque soleil de fête l'a rendu resplendissant. Un zebour ou longue tunique fendue par-devant du haut en bas et flottant jusqu'aux pieds. Pour la retenir, une ceinture d'étoffe, ou si l'enfant est riche d'argent ciselé. Par-dessus la tunique, une veste aux gaies couleurs; aux pieds, des babouches rouges; sur la tête la calotte rouge de nos zouaves, avec son gland de soie. Cela ne manque donc pas de pittoresque.

Parmi les enfants qui attendent Monseigneur, deux surtout sont pleins d'impatience et le cœur palpitant: ils doivent lire les deux compliments d'usage, français et arabe. L'un est un jeune jacobite de 13 ou 14 ans, d'une des premières familles de sa nation, la fleur de notre école, et qui nous fait verser des larmes à la pensée que tant de soins, tant d'espérances, tant de rares qualités seront perdues pour la cause catholique. Nous nourrissons avec prédilection cet enfant aimé, il grandit sous nos yeux dans la robe charmante de son innocence et des vertus de son baptême: bientôt une bête féroce nous l'aura dévoré. Mes yeux pleurent quand je pense à cela, et je me plains amèrement à Jésus-Christ, quand mes mains l'élèvent sur l'autel.

Enfin, Monseigneur entre... Il n'a pas encore franchi le seuil, et déjà les enfants ont entonné un hymne arabe composé pour la circonstance. Les chants cessent, et un de nos enfants catholiques, Chaldéen de naissance, s'avance vers Monseigneur et après lui avoir fait le salut arabe qui consiste à baisser la main jusqu'à terre, et à la ramener au cœur et aux lèvres, il lut assez distinctement en français le compliment suivant:

« Monseigneur,

« Le français est une place forte que nous n'avons pas prise d'assaut.

« Le gros de notre armée manœuvre encore entre b-a ba et z-u zu. Quelques bataillons, il est vrai, après avoir affronté les bastions des mots de huit syllabes, ont compris le verbe *avoir* et forcé le verbe *rendre* jusque dans ses derniers retranchements. Mais quelques braves seulement ont pu dresser l'échelle contre les murs de la syntaxe. Et moi, l'un des vétérans de cette milice, je ne connais pas encore tous les mots dont on se sert en français pour exprimer vos nobles qualités ; je ne pourrais nommer tous les divers sentiments de joie et de fierté que votre illustre visite provoque aujourd'hui dans l'école.

« Malgré tant d'impuissance, nous avons voulu, Monseigneur, vous faire entendre, dans nos modestes murs, cette belle langue française, qui est la langue de votre jeunesse, de votre patrie, et dont vous avez fui les accents si chers pour revenir vous dévouer à ceux qui parlent les ع *khaïn,* les ق *kâff,* les خ *djim,* les ص *sâdd,* et les ط *thât.*

« Daignez, Monseigneur, agréer notre bonne intention ; et pour que nous produisions ces fruits de bonne vie qui réjouiraient votre épiscopat : la foi convaincue et obéissante, la sincérité, le désintéressement, l'honneur chrétien, que Votre Grandeur nous en laisse le germe dans une de ses meilleures bénédictions. »

Alors notre jeune enfant jacobite, cher à Monseigneur comme à nous tous, prit la place et lut ce discours arabe que nous vous conservons malgré sa longueur, parce qu'il vous donnera une idée du genre arabe distingué, dans lequel l'enflure et l'exagération n'excluent pas les grâces et la délicatesse :

« Illustrissime et Révérendissime Seigneur,

« Maintenant que votre retour béni nous ramène la lu-
« mière de votre illustre visage et chasse les noires ténè-
« bres de l'absence, nous pouvons bien nous appliquer ces
« paroles de Jésus le Messie : Vous pleurerez, mais bientôt
« votre douleur se changera en joie.
« En effet, nous le gardons encore le souvenir de ce jour
« lugubre, où ton départ, et quel départ ! nous jeta dans les
« pleurs et dans la viduité, et quelle viduité ! Et qui donc,

« quand le cœur déchiré et les yeux pleins de larmes nous
« te disions adieu, qui donc aurait pu se consoler dans la
« pensée prophétique de cet admirable retour. Exalté soit
« Dieu qui t'a rendu à nous, ô Père heureux et bienheureux,
« perdu et retrouvé. Tu es bien le même que nous quittions
« désespérés, et pourtant tu n'es pas le même. C'est toi,
« car voilà bien cette bonté, cette miséricorde qui t'ont
« rendu si fameux parmi nous. Mais ce n'est pas toi, car ta
« vie et tes bonnes œuvres ont crié si haut qu'elles t'ont
« fait monter malgré toi à ce faîte le plus haut qu'un homme
« puisse atteindre. Comme il te va bien cet éclat qui nous
« éblouit! Trois et quatre fois bénie la bouche qui t'a souf-
« flé l'esprit nouveau de ta sublimité. Heureux nous aussi,
« parce que notre chagrin n'a pas été trop long. Nos Pères
« et nos Princes (1), dans leur désir ardent de te revoir,
« ont élevé vers Pierre des mains suppliantes, et sur-le-
« champ leurs mains ont été comblées : qu'ils reçoivent
« toute louange.

« Tu le sais, Excellentissime Seigneur, toujours nous
« t'avons aimé, vénéré, craint; nous les élèves de cette
« école que ta main suprême a élevée, et que ta science
« abondante a nourrie. Mais aujourd'hui, cet amour, cette
« vénération, cette crainte ont pris un caractère nouveau,
« car nous voyons en toi le vicaire du vicaire du Christ.
« Voici donc que nous déposons à tes pieds notre obéis-
« sance envers la Chaire apostolique que le Christ a cons-
« tituée pierre de vérité. Nous te promettons d'être toujours
« fidèles et sincères dans notre soumission au souverain
« Pasteur. Tant que nous vivrons, nous suivrons sa foi et
« la tienne. Agrée avec ta bonté unique cette profession et
« ces promesses. Qu'elle soit notre avocate auprès de toi
« cette sainte croix que tu portes sur la poitrine. Et parce
« que cette croix est la croix du Sauveur qui, en la portant,
« aimait tous les hommes, de même toi porte-nous tous
« dans ton cœur bénigne, qu'il soit témoin entre nous et

(1) Les évêques chaldéens et syriens.

« toi cet illustre anneau que la sainte Mère l'Eglise t'a mis
« au doigt en signe de ton union dominatrice avec nous
« et avec nos âmes. Et maintenant, Seigneur sublime, di-
« late ta bienveillance, étends sur nos têtes humiliées cette
« droite insigne, et bénis-nous de cette bénédiction qui a
« été versée sur toi du haut de la chaire de Pierre. Puisse
« ainsi notre joie être confirmée à jamais, et ta bonne vo-
« lonté avec tes bienfaits descendre toujours sur nous. »

Monseigneur, qui aime beaucoup nos enfants, leur ré-
pondit quelques paroles bienveillantes, les engageant à
mettre en effet dans leur vie, à la base de leur foi, les vertus
naturelles « d'honnêteté, de sincérité, de désintéressement, » sans lesquelles l'édifice ne tient point. Il s'entre-
tint avec nous de ce qui pouvait intéresser l'école, et ne
sortit point sans nous avoir donné cette bénédiction du
Père légitime, tant aimée des catholiques, parce qu'ils savent qu' « elle confirme la maison, » et que de degré en
degré elle descend de la main même de Jésus-Christ, le
Père unique du siècle futur.

Avant de partir, Monseigneur avait invité les enfants à
venir faire au Cassor, au palais de l'évêque, une grande
promenade.

Aussi, sans tarder beaucoup, un beau matin, avant le
jour, nous partîmes les plus grands seulement, soixante ou
quatre-vingts, escortés de deux carros et suivis de près ou
de loin par tous les Pères et tous les Frères pour aller de
grand matin entendre la messe de Monseigneur. Le Cassor
est une vaste maison située à l'intérieur des murs (car nous
sommes ville forte, s'il vous plaît), mais en plein champ et
loin de toute habitation. C'est un vrai palais pour le pays,
bâti par un consul européen avec balcon régnant d'un bout
à l'autre du premier étage et communiquant avec un jardin
fermé de murs par deux grands escaliers extérieurs. Du
haut des terrasses on a, en tournant le dos à Mossoul, une
magnifique vue sur le Tigre d'abord, les ruines de Ninive
et le tombeau du prophète Jonas avec la belle vallée du

Tigre; puis à un plan lointain, plusieurs étages de montagnes, situées à plusieurs journées de distance, et montrant dans les cieux leurs vieilles têtes toujours blanchies de neiges, tandis que sur leur flanc ou à leurs pieds se couchent plusieurs villages ou couvents catholiques et jacobites. Je ne vous prierai pas de nous suivre dans une joyeuse excursion où l'on escalada d'abord les murs pacifiques de notre ville pour descendre dans le désert à travers mur et fossé; puis à travers champs jusqu'au lit déjà rétréci de notre majestueux fleuve, dont nous bûmes tous. Je ne vous ramènerai pas sous un ardent soleil de septembre au Cassor pour assister à notre festin, dont Monseigneur faisait tous les frais. Tous les enfants étaient assis par longues bandes dans le jardin. Un mouton tout entier gisait tout pensif, le menton sur ses pattes, dans un immense vase de métal. Des faix d'herbes du pays s'amoncelaient dans d'autres bassins. Mais le succès du jour, c'est l'incomparable coubbi. Viande hachée avec du riz, du blé, fortement épicé et roulé en petites masses pendant des heures entre les mains des femmes du pays, voilà le coubbi : hourrah pour le coubbi. En dix minutes, les dix doigts y aidant, le combat fut terminé, malgré un grand renfort envoyé au mouton par quelques paniers de pastèques, de grenades et de raisins. L'eau du Tigre arrosa tout cela. Car les Orientaux ont cette singulière habitude de finir en quelques minutes le repas le plus compliqué, et de ne boire qu'après la fin du repas. La soirée, bien entendu, ne se termina pas sans une fête qu'ils aiment beaucoup. Les enfants firent cercle, et l'un d'eux, gros comme rien, se mit à danser une danse singulière où les gestes et la pantomime sont ce qu'il y a de plus intéressant.

Maintenant, Messieurs, il faut vous quitter, quelque peine qu'on ait à se séparer de jeunes gens aimables, intelligents et généreux. Je vous remercie encore une fois, au nom du Père Préfet, du concours que vous donnez à une œuvre intéressante, et pour conclusion de ces pages dont l'une a peut-être un peu trop surabondamment suivi l'autre, je vous dirai ceci :

Poursuivez ce que vous avez commencé. Continuez-nous le moyen de garder dans l'école un professeur éminent; si vous le pouvez, ajoutez à cette école une dernière salle et un dernier professeur, et que Dieu, en retour, bénisse votre féconde jeunesse et vous fasse une grâce que notre apostolat lointain vous jalouse : celle de voir une patrie qui se relève et d'être les instruments fidèles de sa résurrection.

Votre tout dévoué serviteur en Notre-Seigneur,

Fr. Jules-Marie CHOLLET,
des Frères Prêcheurs, Miss. apost.

Arcueil, le 2 février 1873.

Mon Révérend Père,

Je vous remercie, au nom de tous mes condisciples, de l'intéressante description que vous nous avez faite de l'état de la mission de Mossoul ; vous savez combien nous nous intéressons à cette œuvre. Que de peine vous donnent ces pauvres petits Arabes à qui il faut pour ainsi dire désapprendre les erreurs auxquelles ont cru leurs ancêtres, pour leur faire connaître la vérité de l'Evangile ! Nous avons été surtout frappés du soin avec lequel vous empêchez les rixes que la différence de races pourrait amener : nous avons été bien étonnés, nous vous l'avouons, en apprenant qu'on était obligé d'employer le bâton dans ces écoles ; mais notre étonnement a été beaucoup plus grand, quand vous nous montrez ces petits Arabes venant embrasser la main de laquelle ils ont reçu la paternelle punition.

La position de nos petits frères de Mossoul nous a profondément touchés. Non, la petite division de l'École Albert-le-Grand qui les a adoptés, ne les abandonnera jamais ; elle a peu fait jusqu'ici, mais elle fera mieux à l'avenir, elle prendra davantage sur ses plaisirs, pour sauver ces pauvres âmes et vous aider à leur faire du bien. Nous nous souviendrons toujours que ces enfants sont plus particulièrement nos frères, eux qui grandissent comme nous à l'ombre du manteau de saint Dominique.

Veuillez agréer, mon Révérend Père, nos vœux respectueux que je vous présente au nom de tous mes condisciples.

Votre très-humble et très-affectueux enfant,

G. TOURRAUD,

Président du Comité d'Arcueil pour les Missions
Dominicaines d'Orient.

PARIS. — IMP. VICTOR GOUPY, RUE GARANCIÈRE, 5.